THÉTIS ET PÉLÉE,

TRAGÉDIE EN CINQ ACTES.

Représentée devant LEURS MAJESTÉS à Fontainebleau, le 10 Octobre 1765.

DE L'IMPRIMERIE,
De CHRISTOPHE BALLARD, Seul Imprimeur du Roi pour la Musique, & Noteur de la Chapelle de Sa Majesté.

M. DCC. LXV.

Par exprès Commandement de SA MAJESTÉ.

Les Paroles ſont de FONTENELLE.

La Muſique de M. ***.

Les Ballets ſont de la compoſition de MM. LAVAL, Pere & Fils, Compoſiteurs des Ballets, de Sa Majeſté.

ACTEURS DES CHŒURS.

LES DEMOISELLES,

Canavas.
Bertin.
Favier.
Dubois, C.
Camus.
De Chevremont.
Aubert.
Bouillon.
Desjardins.
Daigremont.
Lemonier.
Dumas.
Mezieres.

LES SIEURS,

Ducroc.
Joguet.
L'Evêque.
Cochois.
Daigremont.
Charles
Joly
Bosquillon.
Guerin.
Abraham.
Le Begue.
Bazire.
Camus. L.
Besche 3e.
Roisain.
Cachelievre.
Caze.
Lecuyer.
Puceneau.
Feret.
Meon.
Bolson.
Favier.

ACTEURS DE LA PIÉCE.

JUPITER,	Le Sr. Geslin.
NEPTUNE,	Le Sr. L'Arrivée.
MERCURE,	Le Sr. Muguet.
THÉTIS,	La Dlle. Arnoud.
DORIS, *Néréide*,	La Dlle. L'Arrivée.
CIDIPE, *Néréide*,	La Dlle. Avenaux.
PROTHÉE, *Dieu Marin*,	Le Sr. Muguet.
PÉLÉE, *Roi de Thessalie*,	Le Sr. Le Gros.
Les Euménides,	Les Srs. L'Arrivée, Bazire, La Dlle. Avenaux.

Chœur de Dieux Célestes.
Chœur de Dieux Terrestres.
Chœur d'Affriquains.
Chœur d'Asiatiques.
Chœur d'Européens.
Chœur de Furies & de Divinités infernales.
Chœur de Sirènes.
Chœur de Tritons.

Ministres du Destin. Le principal Ministre,	Le Sr. Geslin.
Une Asiatique,	La Dlle. Avenaux.
Une Affriquaine,	La Dlle. Dubrieul.
Trois Sirènes,	Les Dlles. Dubois C. Dubrieul, Avenaux.
HÉBÉ,	La Dlle. L'Arrivée.

PERSONNAGES DANSANS.

ACTE PREMIER.

SIRENES.

La Dlle. Guimard.

Les Dlles. Petitot, Godeau, Saint-Martin, Buart, Baſſe, Grandi.

TRITONS.

Le Sr. Gardel.

Les Srs. Lani C. Rogier, Lelievre, Allard, Trupty, Rivier.

PERSONNAGES DANSANS.

ACTE SECOND.

EUROPE'ENS.

Le Sr. Lyonnois, La Dlle. Lyonnois.

Les Srs. Dubois, Grenier.
Les Dlles. Dumirey, Clairval.

ASIATIQUES.

La Dlle. Guimard.

Les Dlles. Rey, Pages, Grandi, Buart.

AFFICAINS.

Le Sr. Dauberval, La Dlle. Allard.

Les Srs. Beat, Cezeron.
Les Dlles. Cornu, Lahaye.

GREQUÆS.

Les Srs. Allard, Dubois. Les Dlles. Baſſe, Villette.

PERSONNAGES DANSANS.

ACTE TROISIEME.

PRESTRES.

Le Sr. Laval.

Les Srs. Leger, Rogier, Lelievre, Trupty, Allard, Dubois, Grenier, Giger, Cezeron, Lani C. Dossion, Rivier.

PERSONNAGES DANSANS.

ACTE QUATRIEME.

VENTS.

Les Srs. Laval, Gardel, Lyonnois.

Les Srs. Dauberval, Rogier, Leger.

EUMENIDES.

Les Dlles. Lyonnois, Allard, Peslin.
Petitot. Godeau.

Les Dlles. Saint-Martin, Lacroix, Lafond.

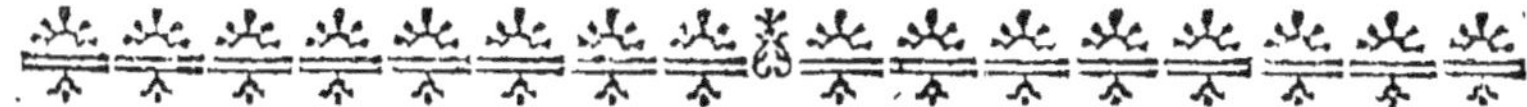

PERSONNAGES DANSANS.

ACTE CINQUIEME.

SUITE D'HE'BE'E.

Le Sr. Vestris.

La Dlle. Geslin.

Le Sr. Gardel. La Dlle. Guimard.

Les Srs. Leger, Rivier. Les Dlles. Grandi, Basse.

Les Srs. Lelievre, Dubois, Trupty, Allard, Dossion, Rogier.

Les Dlles. Dumirey, Clairval, Buart, Villette, Lahaye, Cornu.

THÉTIS

THÉTIS ET PÉLÉE,

TRAGÉDIE.

ACTE PREMIER.

Le Théâtre repréſente le Palais de Thétis.

SCENE PREMIERE.

PÉLÉE, *ſeul.*

QUE mon deſtin eſt déplorable!
En vain à mes ſoupirs, Thétis eſt favorable.

Hélas ! Neptune en eſt charmé !
La crainte que nous cauſe un Dieu ſi redoutable,
Tient toujours dans nos cœurs ce beau feu renfermé.
Quelles ſont tes rigueurs, Amour impitoyable ?
Il eſt encor des maux pour un Amant aimé !

SCENE SECONDE.

DORIS, PÉLÉE.

DORIS.

QUOI ! je vous trouve ſeul ! Thétis attend Neptune ;
Lorſqu'il vient à ſes yeux faire briller ſa Cour,
Il ſemble que d'un ſi beau jour
L'éclat vous importune ?
La retraite ne plaît qu'à des cœurs pleins d'amour.

PÉLÉE.

Moi ! Nymphe, j'aimerois ! Non, mon cœur eſt paiſible ;
Non, mon cœur n'eſt point enflâmé.

DORIS.

On dit d'un air moins animé,
Que l'on eſt inſenſible.

PÉLÉE.

Par le ſeul mot d'Amour, vous m'avés allarmé.

DORIS.

C'eſt en vain qu'un Amant tâche de ſe contraindre,
En vain il cache ſon ardeur ;
Les efforts qu'il ſe fait pour feindre,
Trahiſſent, malgré lui, le ſecret de ſon cœur.

PÉLÉE.

J'aimerois, ſi l'Amour ſincère
Pouvoit s'aſſurer d'être heureux ;
Mais ſouvent les plus beaux feux
Trouvent un Objet ſévère ;

Souvent on préfère
L'Amant le moins amoureux.

Neptune aime Thétis, c'eſt à moi qu'il confie
Ses ſecrets ſentimens;
Mais ſes tourmens
Me font voir, ſans envie,
Le deſtin des Amans.

DORIS.

Pourquoi cette feinte éternelle?
Vous aimés, je le vois:
Quand on eſt le plus grand des Rois,
Sans-doute auſſi l'on eſt fidèle.
Parlés, déclarés votre choix;
Le cœur même le plus rébelle
Viendra ſe ſoumettre à vos loix.

PÉLÉE.

Vous tâchés vainement d'animer mon courage;
Quand je ſerois Amant, croirois-je vos diſcours?
La crainte eſt toujours
Le cruel partage
Des tendres amours.

SCENE TROISIEME.

THÉTIS, DORIS, PÉLÉE, NYMPHES & NÉRÉIDES.

DORIS.

DÉESSE, une fête brillante
Va bientôt, dans ces lieux, célébrer vos appas.

THÉTIS.

L'hommage qu'un Dieu me préſente,
Peut bien flater mon cœur, mais ne l'éblouit pas.

[*Prélude qui annonce les* SIRENES.]

Mais nous voyons déja les Sirènes paroître;
Nous entendons leurs doux concerts;
Préparons-nous à voir bientôt le Maître
Des vaſtes Mers.

SCENE QUATRIEME.

LES SIRÈNES, *les Acteurs précédens.*

TROIS SIRÈNES.

Nos chants harmonieux forcent tout à
se rendre,
Nous disposons des cœurs à notre gré:
Dès que nos voix se font entendre,
Notre triomphe est assuré.

CHŒUR DES SIRÈNES.

Nos chants harmonieux, &c.

TROIS SIRÈNES.

Des plaisirs de la tendresse,
Quand nous vantons les douceurs,
Notre voix enchanteresse
Gagne aisément tous les cœurs;
Par vos rigueurs inhumaines,
Braverés-vous en ce jour,
Et les accens des Sirènes,
Et les charmes de l'Amour?

CHŒUR DES SIRÈNES.

Des plaiſirs, &c. [*On danſe.*]

(*Marche pour les* TRITONS *qui précedent Neptune.*

SCENE CINQUIEME.

NEPTUNE, TRITONS, FLEUVES; *les Acteurs précédens.*

CHŒUR DES TRITONS.

EMPRESSONS-NOUS de plaire au Dieu des Ondes,
Il adore Thétis, adorons ſes beaux yeux :
Les Amours deſcendront dans nos grottes profondes,
Ils règnent juſques dans ces lieux.

NEPTUNE.

Voyés, belle Déeſſe,
Voyés toute ma Cour vous marquer ſon tranſport;
Je vous ſoumets par ma tendreſſe,
Tout ce qui m'eſt ſoumis par les ordres du ſort.

Jupiter m'enleva le plus noble partage;
Mais l'Empire des Mers, où je donne la loi,
Sur l'Empire des Cieux, doit avoir l'avantage,
Quand vous régnerés avec moi.

THÉTIS.

Je doute que du ſort, la ſuprême Puiſſance
M'ait deſtinée à cet honneur;
Mais je reçois vos ſoins avec reconnoiſſance,
C'eſt le ſeul ſentiment qui dépend de mon cœur.

NEPTUNE.

Je me flate que ma conſtance
Doit m'attirer une autre récompenſe;
Aimés, aimés à votre tour;
C'eſt l'Amour ſeul qui peut payer l'Amour.
[*On danſe.*]

DORIS.

Tout reconnoît l'Amour, tout ſe plaît dans ſes chaînes;
Tout cede à ſes loix ſouveraines;

Mais

Mais il n'eſt rien dans l'Univers
Qui lui ſoit plus ſoumis que l'Empire des Mers.

CHŒUR.

Tout reconnoît, &c.

DORIS.

C'eſt dans les flots que Vénus prit naiſſance,
Nous fûmes les premiers ſous ſon obéiſſance;
La Mère d'amour fit ſur nous
L'eſſai de ſes traits les plus doux.

CHŒUR.

Tout reconnoît, &c. [*On danſe.*]

NEPTUNE, *aux Divinités de la Mer.*

Je ſuis content de votre zèle,
Il ne ſçauroit mieux éclater.
(*à Thétis.*)
Je vous quitte, aimable Immortelle,
Songés à la grandeur où vous pouvés monter;
Mais ſongés encor plus à mon amour fidèle. (*Il ſort avec ſa ſuite.*)

SCENE SIXIEME.

THÉTIS, PÉLÉE.

PÉLÉE.

JE viens de ſoutenir le ſpectacle fatal
Des hommages pompeux que vous rend mon rival:
Pour me payer d'une peine ſi dure,
Vos plus tendres regards ne me ſont-ils pas dûs?
Parlés, ou que du moins un ſoupir me raſſure
Contre les ſoins que l'on vous a rendus.

THÉTIS.

Perdés une crainte importune;
Je viens d'apprendre encor que mes foibles attraits
Vous donnent un rival plus puiſſant que Neptune;
Et mon cœur eſt à vous plus qu'il n'y fut jamais.

PÉLÉE.

Ah! Jupiter eſt ce rival terrible!

THÉTIS.

C'eſt lui qui va m'offrir des ſoupirs ſuperflus.

PÉLÉE.

Quoi! Jupiter, pour vous, eſt devenu ſenſible?
Ma peine étoit trop foible, & rien n'y manque plus.
Daignés me pardonner ma crainte & mes allarmes;
Si j'en croyois les troubles que je ſens,
Je me plaindrois de l'excès de vos charmes,
Lorſqu'ils me font des rivaux ſi puiſſants.

THÉTIS.

Vous remportés des victoires nouvelles,
Quand je fais des Amans nouveaux:
Si mes conquêtes ſont trop belles,
Vos triomphes en ſont plus beaux.

PÉLÉE.

Je ne ſuis qu'un Mortel; c'eſt en vain que j'eſpère:
Ces Dieux, empreſſés à vous plaire,
Me font ſentir trop vivement
Que je ſuis un téméraire
D'oſer être votre Amant.

THÉTIS.

Dans l'empire d'Amour on tient le rang ſuprême,
Dès que l'on ſçait charmer:
Un Mortel qui ſe fait aimer,
Eſt égal à Jupiter même.

Dans l'empire d'Amour on tient le rang ſuprême, &c.

PÉLÉE.

Lorſque j'obtiens de vous un ſi doux ſacrifice,
O Ciel! dans quels malheurs faut-il que je languiſſe!

J'eſpérois que l'hymen finiroit mon tourment;
Mais tout s'oppoſe à cet eſpoir charmant:
Plus vous m'aimés, plus je ſens le ſupplice
D'être aimé vainement.

DUO.

THÉTIS.

Faut-il que tout s'uniſſe
Contre de ſi beaux feux?

PÉLÉE.

Hélas! quelle injuſtice!
Les plus tendres amours ſont les plus malheureux.

EMSEMBLE.

Faut-il, &c.

THÉTIS.

Redoublons, s'il ſe peut, notre ardeur mutuelle;
Par nôtre amour tâchons de ſurmonter
La fortune cruelle.

PÉLÉE.

Aimons, c'eſt le ſeul bien qu'on ne peut nous ôter.

ENSEMBLE.

Faut-il que tout s'uniſſe
Contre de ſi beaux feux !
Hélas ! quelle injuſtice !
Les plus tendres amours ſont les plus malheureux.

Fin du premier Acte.

ACTE SECOND.

Le Théâtre représente un Rivage de la Mer.

SCENE PREMIERE.

DORIS, CIDIPE.

CIDIPE.

Vous ſuivés un penchant trop flatteur & trop doux ;
Je doute que Pélée ait de l'amour pour vous.
Son feu, s'il vous aimoit, craindroit moins de paroître ;
Ses ſoins ſeroient moins empreſſés ;
Il vous tient des diſcours douteux, embarraſſés ;
L'Amour, par ſes regards, ne ſe fait point connoître,

On l'apperçoit bien mieux
Dans votre bouche & dans vos yeux.

DORIS.

Non, j'aime trop pour m'y pouvoir méprendre,
Des ſoins toujours craintifs, un timide embarras,
Sont les effets de l'amour le plus tendre;
C'eſt en ſoupirant tout bas
Qu'il ſe fait le mieux entendre.

CIDIPE.

On croit facilement qu'on inſpire les feux
Que l'on reſſent ſoi-même;
On ſe flâte ſitôt qu'on aime,
Et tout paroît amour à des yeux amoureux.

DORIS.

Pélée aime en ſecret, tout marque ſa tendreſſe,
A quel objet ſes vœux pourroient-ils être offerts?
Il voit ſouvent Thétis; mais le ſoin qui le preſſe,
Eſt de ſervir le Dieu des Mers:

Il

Il n'eſt pas ſon rival auprès d'une Déeſſe.
Tout ſemble déclarer
Que c'eſt moi qu'il adore;
Mon cœur, qui m'en oſe aſſurer;
Me le prouve bien mieux encore.

CIDIPE.

Ceſſés de vous flater, trop aveugle Doris;
Apprenés un ſecret que je voulois vous taire
Pour vous ſauver la honte du mépris.
J'ai vu, dans un lieu ſolitaire,
Pélée entretenir Thétis;
Le hazard ſeul n'eut pû les y conduire,
Sans entendre leurs voix, je ſçus aſſés m'inſtruire
De leurs mutuelles amours;
Par leurs regards, j'entendis leurs diſcours.

DORIS.

Il aimeroit Thétis! Ciel! cet affreux ſupplice
Seroit-il réſervé pour ma ſecrette ardeur!
Mais je la vois, pour lire dans ſon cœur
Je veux employer l'artifice.

SCENE SECONDE.

THÉTIS, DORIS, CIDIPE.

DORIS.

DÉESSE, venés-vous ſur ce bord écarté
Rêver aux conquêtes brillantes
Que fait votre beauté ?

AIR.

Ce qui peut les rendre charmantes
N'eſt que la ſeule vanité.

Les Dieux ont peu d'amour, on ne doit point attendre
Que leur cœur tout entier ſe laiſſe poſſéder :
Ces Amans ſont aiſés à prendre,
Et difficiles à garder.

Quelquefois un Mortel me jure
Qu'il eſt touché du pouvoir de mes yeux:
Si j'en étois bien sûre
Je le préférerois aux Dieux.

THÉTIS.

Et quel eſt cet Amant? L'amitié vous engage
A me laiſſer connoître un ſecret auſſi doux...

DORIS.

Pélée a pris des ſoins... Vous changés de viſage,
Pourquoi vous troublés-vous?

THÉTIS.

J'ignorois qu'il fût dans vos chaînes.....
Avec bien du myſtère il a conduit ſes feux.

DORIS.

L'Amour diſcret cache ſes peines
A l'objet même de ſes vœux.

Mais je vois Mercure deſcendre,
Je crois que ſans témoins il veut ſe faire entendre.

(*Elle ſort avec* CIDIPE.)

SCENE TROISIEME.

THÉTIS, MERCURE.

MERCURE.

JUPITER, attiré par vos divins appas,
Va paroître ici-bas.
Quand Neptune vous rend les armes,
Ce triomphe, pour vous, eſt trop peu glorieux;
L'Amour devoit, à tant de charmes,
La conquête d'un Dieu, maître de tous les Dieux.

THÉTIS.

Je ſçais que Jupiter tient tout ſous ſon empire,
Que les Dieux révèrent ſes Loix,
Mercure, on n'a rien à me dire
Sur le reſpect que je lui dois.

(MERCURE *ſort.*)

SCENE QUATRIEME.

THÉTIS, *seule.*

TRISTES honneurs, gloire cruelle,
Ah! que vous me génés!
Pourquoi m'êtes-vous destinés?
Mon Amant n'est qu'un infidèle...
Dieux! quel trouble saisit tous mes sens étonnés!
Hélas! mes jours infortunés
Vont couler dans l'horreur d'une peine éternelle.

Tristes honneurs, &c.

SCENE CINQUIEME.

THÉTIS, PÉLÉE.

PÉLÉE.

ENFIN je vous revois, quel bonheur pour ma flâme!
Que ces momens me semblent doux!

THÉTIS.

Allés chercher Doris, elle a touché votre âme,
Je sçais que votre cœur se partage entre nous.

PÉLÉE.

O Ciel! que vous entends-je dire!
Quoi! lorsqu'à votre hymen vous souffrés que j'aspire....

THÉTIS.

Non, ingrat; non, perfide; il n'y faut plus penser:
Mon hymen t'eut comblé de gloire,
Mais il te plaît d'y renoncer
Par une trahison si noire.

Non, ingrat; non, perfide; il n'y faut plus penser.

PÉLÉE.

Ah! quels noms pleins d'horreur me faites-vous entendre?
Quel traitement! grands Dieux, & l'amour le plus tendre
Peut-il se l'être attiré?

THÉTIS.

Ton crime eſt trop aſſuré,
Tu ne ſçaurois t'en défendre.

En vain des plus grands Dieux j'avois touché le cœur,
Je te ſacrifiois leur Majeſté ſuprême,
Et j'euſſe encor voulu que Jupiter lui-même
Eût eu plus de grandeur.
Tu me fais cependant la plus cruelle injure;
Tu brûles pour d'autres appas;
Quel deſtin eſt le mien! hélas!
C'eſt le ſort d'une ardeur trop fidèle & trop pure
De trouver toujours des ingrats.

PÉLÉE.

Le croyez-vous, belle Déeſſe?
Quoi! vous m'aimés? & de votre tendreſſe
J'ignorerois le prix!
Quoi! vous m'aimés, & j'aimerois Doris?

Le croyez-vous, belle Déesse?
Ah! pour vous détromper d'un soupçon qui me blesse,
J'irai même à vos yeux l'accabler de mépris.

THÉTIS.

Ne crois point m'éblouir par une fausse adresse.

(*On entend le Tonnerre, on apperçoit les Eclairs.*)

Mais je puis me venger : ces éclairs que je voi,
Ce tonnerre qui gronde,
M'annoncent le Maître du monde,
Je sçaurai me forcer à recevoir sa foi....
Mon cœur s'est engagé sur l'apparence vaine
Des feux que tu feignis pour moi,
Et je veux m'en punir en m'imposant la peine
D'en aimer un autre que toi.

PÉLÉE.

PÉLÉE.

Et moi, je vais le voir ce rival redoutable,
Pour attirer ſur moi ſa haine impitoyable,
Mon amour va ſe découvrir,
Je vous parois coupable,
Je ne cherche plus qu'à mourir.

THÉTIS.

Ah ! que dis-tu ? fui ſa préſence ;
Quitte des lieux pleins de danger.

PÉLÉE.

Si je vous ai pu faire une mortelle offenſe ;
C'eſt au tonnerre à vous venger.
(Le Tonnerre gronde.)

THÉTIS.

Éloigne toi, le bruit redouble,
Je ne puis plus te voir ici ſans trouble.

PÉLÉE.

A me chaſſer vos efforts ſeront vains,
Si je ne vois finir votre injuſtice extrême.

THÉTIS.

Va, fui, te montrer que je crains,
C'eſt te dire aſſés que je t'aime.
(Jupiter deſcend du Ciel dans toute ſa gloire.)

SCENE SIXIEME.

JUPITER, THÉTIS.

JUPITER.

DÉESSE, dans ces lieux mon amour me conduit,
Avec tout l'éclat qui me ſuit,
Pour d'autres beautés moins charmantes
J'ai ſouvent emprunté des formes différentes;
Mais il faut que mes ſoins ſoient plus dignes de vous,
Il faut qu'à vos attraits mon hommage réponde,
Et c'eſt comme maître du monde
Que je veux être à vos genoux.

THÉTIS.

Permettés que mon cœur prenne peu d'aſſurance
Sur des ſoins, trop flâteurs, que je n'attendois pas;

Je ſçais quels ſont mes appas,
Et quelle eſt votre conſtance.

JUPITER.

Il eſt vrai que juſqu'à ce jour
J'ai pris pour cent beautés un inconſtant amour,
Mais votre gloire en deviendra plus belle
Lorſqu'à vos charmes ſeuls mes vœux ſeront offerts,
Et vous triompherés de tant d'objets divers
En me rendant fidèle.

THÉTIS.

Rien n'eſt capable d'arrêter
Un cœur volage :
C'eſt un avantage
Dont on ne peut ſe flâter.

JUPITER.

Vous refuſés de croire
Que mon cœur pour jamais ſoit ſous votre pouvoir ;
Déeſſe, vous allés ſçavoir
Quelle eſt votre victoire.

Peuples qui, ſous diverſes loix,
N'avés rien de commun que l'ardeur de me plaire,
De tous les lieux que le Soleil éclaire,
A mes ordres puiſſans, accourés à la fois.

(*Le Théâtre change & repréſente des Jardins magnifiques. Les Peuples de toutes les parties du monde arrivent par les différens côtés du Théâtre.*)

JUPITER, *aux Peuples.*

Thétis a ſçu charmer le Maître du tonnerre
Et le plus grand des Immortels,
Il faut que ſur toute la terre
Elle partage ſes autels.

LE CHŒUR.

Thétis a ſçu, &c.

JUPITER.

Je veux que déſormais du couchant à l'aurore
Ce ſoit Thétis que l'on implore,
C'eſt à Mortels, votre premier devoir;
On tremble devant le pouvoir,
Mais c'eſt la beauté qu'on adore.

LE CHŒUR.

Thétis a ſçu, &c.

(On danſe.)

UNE ASIATIQUE.

Aimés, Déeſſe,
Tout vous en preſſe,
Rendés heureux
Jupiter amoureux.

LE CHŒUR.

Aimés, Déeſſe, &c.

L'ASIATIQUE.

Un Dieu puiſſant reçoit nos vœux ſans ceſſe,
Et de ce Dieu vous recevés les vœux.

LE CHŒUR.

Aimés, Déeſſe, &c.

(On danſe.)

UNE AFRIQUAINE.

Les Belles, dans notre heureux ſéjour,
Exigent peu du tendre amour;

La plus légère offrande,
Quelquefois une ſimple guirlande;
Ou le don d'une fleur,
Soumet un cœur.

L'hommage qu'il vous adreſſe
Eſt plus digne d'une Déeſſe,
Des Dieux, l'Auguſte Souverain,
Vous offre ſon ſceptre & ſa main:
Goûtés dans un brillant deſtin
Les charmes des grandeurs & ceux de la tendreſſe.

(On danſe.)

LE CHŒUR.

Que toutes nos voix ſe confondent,
Pour chanter de Thétis les triomphans appas!
Que tout, les célébre ici-bas!
Que les Cieux mêmes nous répondent,
Le Souverain des Dieux veut à tout l'Univers
Vanter la gloire de ſes fers.

TEMPÊTE.

CHŒUR.

Quel bruit ſoudain nous épouvante !
Quelle tempête ! quelle horreur !
Les Vents ſont déchaînés & l'Onde menaçante
Répond aux Vents avec fureur.

(*Neptune paroît ſur la Mer.*)

SCENE SEPTIEME.

NEPTUNE, *& les précédens.*

NEPTUNE.

DE quels chants odieux retentit ce rivage ?
Jupiter ſçait-il bien que c'eſt moi qu'il outrage ?
A-t-il quitté les Cieux, pour braver mon courroux ?
En m'enlevant l'objet de mes vœux les plus doux ?

JUPITER.

Oui, j'adore Thétis, & n'en fais point
myſtère :
Vous, ſi vous m'en croyés, Neptune,
épargnés-vous
Les impuiſſans tranſports d'une vaine
colère.
(*Jupiter ſort avec toute ſa ſuite.*)

SCENE NEUVIEME.

NEPTUNE, MERCURE.

NEPTUNE, *ſortant de la Mer.*

Me croit-il donc ſoumis à ſes
commandemens ?
Quoi ! me croit-il ſous ſon obéiſſance ?
Ah ! dans le juſte éclat de mes reſſentimens
Mon bras ſe ſervira de toute ſa puiſſance :
Je confondrai les Elémens,
J'exciterai mes flots, & par leur violence
Je cauſerai par-tout d'affreux débor
demens ;

Et

Et ſur la terre entière exerçant ma vengeance,
J'ébranlerai ſes fondemens.

MERCURE.

S'il faut que Jupiter s'obſtine
Dans l'amour dont il eſt bleſſé,
Je vois de toutes parts, d'une affreuſe ruine
L'Univers menacé.
Songés à prévenir les maux que j'appréhende,
L'intérêt commun le demande.

NEPTUNE.

Ne croyés pas m'intimider,
Non, non; que Jupiter ſe rende,
J'ai prévenu ſes feux, c'eſt à lui de céder.

MERCURE.

Une puiſſance plus grande
Entre vous peut décider;
Conſultés le Deſtin, le Deſtin vous commande;
Son arrêt doit vous accorder.

La fin de vos débats ne peut être plus prompte,
Vous sçaurés qui des deux doit obtenir Thétis.

NEPTUNE.

J'y consens; au Destin nous nous rendrons sans honte,
Il nous tient tous assujettis.

Fin du second Acte.

ACTE TROISIEME.

Le Theâtre représente le Temple du Destin.

SCENE PREMIERE.

LES MINISTRES *du Destin.*

O Destin ! quelle puissance
Ne se soumet pas à toi ?
Tout fléchit sous ta loi,
Tes ordres n'ont jamais trouvé de résistance.

UN MINISTRE.

Malgré nous tu nous entraînes
Où tu veux ;
C'est toi qui nous amènes

Tous les événemens heureux ou malheureux,
Tu les as liés entr'eux
Avec d'invisibles chaînes;
Par des moyens secrêts
Ton pouvoir les prépare,
Et chaque instant déclare
Quelqu'un de tes arrêts.

LE CHŒUR.

O Destin! &c.

LE MINISTRE.

C'est en vain qu'un mortel pleure, gémit, soupire,
Un Dieu voudroit en vain t'opposer sa fierté;
Rien ne change les loix qu'il te plaît de prescrire,
Ton inflexible dureté,
Fait la grandeur de ton empire.

SCENE SECONDE.

Les Acteurs précédents, PÉLÉE.

PÉLÉE.

MINISTRES du Destin, je viens pour vous apprendre
Que dans ces lieux, Neptune va se rendre.
Neptune vient vous consulter,
Quel spectacle plus doux peut jamais vous flatter?

LE CHŒUR.

O! Destin, &c.

PÉLÉE.

Daignés aussi sur mes peines secrettes,
Des arrêts du Destin, être les interprêtes.

LE CHŒUR.

Nous ne répondons point aux mortels curieux,
L'oracle du Destin n'est fait que pour les Dieux.

(*Ils rentrent dans l'intérieur du Temple, dont les portes se ferment.*)

SCENE TROISIEME.

PÉLÉE *seul.*

CIEL ! en voyant ce Temple redoutable,
De quel frémissement je me sens agité ?
C'est ici qu'il est arrêté
Si je dois être heureux ou misérable;
Cet ordre, quel qu'il soit, doit être exécuté,
Mais l'avenir impénétrable
Le cache encor dans son obscurité...
Quel doute insuportable !
Q'un Amant en est tourmenté !.. :

Inflexible Destin, dans tes loix éternelles
N'as tu suivi qu'un aveugle hazard ?
Hélas ! n'a tu pas eu d'égard
Pour les Amants fidèles ?....
Non, non je tâche en vain de flatter mon ennui,
Par l'état où tu m'as réduit,

Je reconnois déja l'effet de tes caprices ;
Ah ! n'exerces-tu pas toujours
Tes plus cruelles injuſtices,
Sur les plus fideles amours ?

SCENE QUATRIEME.

DORIS, PÉLÉE.

DORIS.

OU je me trompe, ou c'eſt votre tendreſſe
Qui dans ces lieux vous amene avec nous.
A l'arrêt du Deſtin, votre cœur s'intéreſſe ;
Mais je crains qu'il ne donne une aimable Déeſſe,
A quelque Dieu, plutôt qu'à vous.

PÉLÉE.

Je ne crains, ni n'eſpére.
L'avenir qui m'eſt préparé,
Sçaura toujours me plaire ;
Et le Deſtin peut faire
Ses arrêts à ſon gré.

DORIS.

Je connois votre flâme,
C'eſt en vain que vous déguiſés.

PÉLÉE.

Plus vous voulez pénétrer dans mon âme,
Plus vous vous abuſés. (*Il ſort.*)

DORIS *ſeule.*

Je ne le vois que trop, mes feux ſont mépriſés ;
J'ai cru que l'on m'aimoit, j'ai pris des eſpérances
Sur de trop foibles apparences :
Dieux ! quelle honte pour mon cœur
D'être tombé dans une erreur ſi vaine,
Et quelle peine
De renoncer à cette douce erreur!

Mais que ſert ma plainte impuiſſante ?
Il faut punir & ſe venger ;
Que par ſes maux l'ingrat reſſente
Dans quels maux il m'a ſçu plonger.
Tout ce que la fureur préſente
Eſt permis pour ſe ſoulager ;
Il faut punir & ſe venger.

SCENE

SCENE CINQUIEME.

NEPTUNE *& sa suite*, DORIS.

NEPTUNE, *à sa suite.*

QU'ON ne me ſuive plus, allés, que l'on m'attende,
Je veux que ſans témoins cet oracle ſe rende. *(Il reſte ſeul.)*
Cédés pour quelque tems, importune grandeur,
Cédés au tendre amour qui régne dans mon cœur.
Moi que les vaſtes mers reconnoiſſent pour maître
Je viens en tremblant reconnoître
Un plus grand pouvoir dans ces lieux.
L'amour qui m'y réduit, ſçait abaiſſer les Dieux;
Sa force, contre nous, affecte de paroître.

Cédés pour quelque tems, &c.

SCENE SIXIEME.

NEPTUNE, *Miniſtres du deſtin.*

UN MINISTRE.

DIEU de la mer, quel ſujet vous amene?

NEPTUNE.

Mon amour pour Thétis, cauſe toute ma peine,
Jupiter vient troubler mes feux,
Prononcés qui de nous verra remplir ſes vœux.

LE MINISTRE.

Deſtin, un grand Dieu te demande
Quel ſuccès tu veux qu'il attende.
Dans tes ſecrets il cherche à pénétrer:
Daigneras-tu les déclarer?

(*Les Miniſtres offrent un ſacrifice au Deſtin, & font des libations.*)

LE MINISTRE.

Qu'un respect plein d'épouvante
Fasse tout trembler !
L'avenir va se réveler.
Que tout l'Univers ressente
Un respect plein d'épouvante !
Le destin est prêt à parler.

LE CHŒUR.

Le Destin, &c.

LE MINISTRE.

Ecoutés, Dieu de l'onde,
Tout ce que le Destin permet qu'on vous réponde.

ORACLE.

» *L'époux de la belle Thétis*
» *Doit être un jour moins grand, moins puissant que son fils ;*
» *Tout le reste est caché dans une nuit*
» *profonde.*

NEPTUNE.

Ah! quel oracle je reçoi!
Quel arrêt menaçant! quelle funeste loi!
Il sort.

(*Les Ministres rentrent dans le Temple.*)

Fin du troisiéme Acte.

ACTE QUATRIEME.

Le Théâtre représente un endroit écarté sur le rivage.

SCENE PREMIERE.

JUPITER, DORIS.

JUPITER.

DANS quel étonnement votre discours me jette !
Thétis pourroit brûler d'une flâme secrette?
Neptune à Jupiter est-il donc préféré ?

DORIS.

Non, un simple mortel, Pélée est adoré.
Je viens de voir encor ces deux Amans ensemble,
Ils se cherchent partout & se trouvent toujours.

JUPITER.

Quoi! lorsque sous mes loix il n'est rien qui ne tremble,
Un mortel oseroit traverser mes amours?

DORIS.

Thétis vient en ces lieux, & vous pouvés vous-même
Vous éclaircir dans cet instant.

SCENE SECONDE.

JUPITER, THÉTIS.

JUPITER.

DÉESSE, expliqués vous sur le sort qui m'attend,
Jupiter ne veut point que sa grandeur suprême
Lui fasse auprès de vous un mérite éclatant,
Il ne veut s'en servir qu'à prouver qu'il vous aime,
En vous la soumettant.

THÉTIS.

Neptune, ainsi que vous, prétend à ma tendresse,
Il est le Dieu des mers, j'en suis une Déesse.
Je dois redouter son courroux,
Il ne m'est pas permis de choisir entre vous.

SCENE TROISIEME.

JUPITER, THÉTIS, PROTÉE.

PROTÉE.

NEPTUNE m'a chargé de venir vous apprendre
Qu'à l'Himen de Thétis, il ceſſe de prétendre,
Qu'il n'a plus le deſſein de vous la diſputer.

JUPITER.

Quel bonheur imprévu vient ici me ſurprendre !
Ah ? ma reconnoiſſance aura ſoin déclater;
Dis lui qu'il doit tout en attendre.

(*Protée ſort.*)

Rien n'eſt donc plus contraire au ſuccès de mes vœux ?
Vous m'oppoſiez un obſtacle qui ceſſe...
Mais que vois-je, Thétis ? quelle ſombre triſteſſe
Dans le moment que tout céde à mes feux!

Pour m'assurer de tout, ce trouble doit suffire.
Un fidel rapport....

THÉTIS.

Quoi! qu'à t-on pu vous dire?

JUPITER.

Que Pélée en secret....

THÉTIS.

Non, ne le croyés pas;
Non, si son cœur soupire
C'est pour d'autres appas....
Non, ne le croyés pas.

JUPITER.

Je vois que vous êtes coupable;
Vous vous justifiés d'un air trop empressé.
Votre cœur s'est donc abaissé
Aux vœux d'un mortel méprisable?
Ainsi vous imposiés à cet amour fatal
Qui tenoit Jupiter sous votre obéissance!
Tremblés, je vais m'armer de toute ma puissance,
Pour me venger de vous & punir mon rival.

(*Il sort.*)

SCENE

SCENE QUATRIEME.

THÉTIS, *ſeule.*

QUELLE horreur m'environne, & quel effroi me glace!
Quels abîmes de maux s'ouvrent devant mes yeux!
Hélas! c'eſt mon Amant que Jupiter menace.....
Quels traits peut nous lancer le ſouverain des Dieux?

Ah! je le vois déja, je le vois qui prépare
Ses plus terribles coups.
Trop funeſtes appas, pourquoi m'attirés vous
Sous le doux nom d'amour cette haine barbare,
Et cet implacable courroux?

SCENE CINQUIÉME.

THÉTIS, PÉLÉE.

THÉTIS.

AH ! Pélée, apprenés tous les malheurs
ensemble,
Jupiter ſçait enfin nos ſecrettes amours;
Vous dirai-je encor plus, ciel ! je frémis...
Je tremble,
Jupiter menace vos jours.
Quoi ! de votre péril la funeſte nouvelle
Ne vous inſpire pas d'effroi ?

PÉLÉE.

Jupiter en fureur ne peut rien contre moi,
Vous êtes immortelle.

THÉTIS.

Si vous ne craignés pas pour vous,
Craignés du moins pour une Amante,
Peut-on vous porter des coups
Que mon ame ne reſſente ?

PÉLÉE.

Que votre tendreſſe eſt charmante ;
Et que mon trépas ſera doux,

L'ennemi qui vous tourmente,
Lui-même en ſera jaloux.

THÉTIS.

Quel ſeroit mon deſtin! vous ceſſeriés de vivre!
Et moi je ne pourrois recourir au trépas;
Si je pouvois vous ſuivre
Je ne m'en plaindrois pas.

ENSEMBLE.

Hélas! de quelles flâmes
Nous perdons les douceurs?
Quel amour enchantoit nos âmes!
Quel amour uniſſoit nos cœurs!....

THÉTIS.

Mais quels bruits pleins d'horreur troublent mes ſens timides?
Tous les vents raſſemblés frémiſſent dans les airs.

PÉLÉE.

Je vois ſortir des enfers
Les cruelles Eumenides.

THÉTIS.

Ah! c'en eſt fait, cher Amant, je te perds.

SCENE SIXIEME.

THÉTIS, PÉLÉE, LES EUMENIDES,

CHŒUR *de Furies & de Vents.*

UNE EUMENIDE.

PÉLÉE il faut aller ſur ce rocher funeſte,
Où dans un tourment éternel,
Gémit le fameux criminel
Qui déroba le feu céleſte :
Vents, partés & l'emportés
Dans ces lieux redoutés.

THÉTIS.

Accablés moi plutôt des plus affreuſes peines.
Arrêtés, cruels, arrêtés.

LES EUMENIDES, *lentement.*

Déeſſe, vos larmes ſont vaines,
Vos cris ne ſont point écoutés.
Les loix de Jupiter ſont des loix ſouveraines,
Il faut ſuivre ſes volontés.

[*Les Furies & les Vents veulent enlever Pélée; Thétis eſſaye de les toucher par ſes prieres & par ſes larmes.*]

CHŒUR.

Servons la vengeance
Du maître des Dieux,
L'enfer & les cieux
Sont d'intelligence
Pour punir l'offence;

Servons la vengeance, &c.

Amant téméraire,
Que tes maux cruels
Instruisent la terre,
Glacent les mortels.

Servons la vengeance
Du maître des Dieux;
Contre l'insolence
D'un audacieux.

(*Thétis accablée de douleur, tombe aux pieds des Furies en disant :*)

Arrêtés, cruels, arrêtés.....

PÉLÉE.

Laissés moi d'un rival devenir la victime,
Puisqu'un tendre amour est un crime,

Quels rigoureux tourments n'ai-je pas mérités ?

UNE EUMENIDE.

Vents, ne différés plus, obéissés, partés.

(*Les Vents enlévent Pélée, les Furies s'abîment.*)

SCENE SEPTIEME.

THÉTIS, *seule.*

QUOI ! toute la nature
A ce spectacle affreux ne frémit-elle pas !
Soleil, retourne sur tes pas,
Plonge nous pour jamais dans une nuit obscure.
Dieux immortels, unissés vous
Contre un tyran qui nous opprime tous.

Fin du quatriéme Acte.

ACTE CINQUIEME.

Le Théâtre est le même que dans le précéd nt.

SCENE PREMIERE.

JUPITER, MERCURE.

MERCURE.

N'EN doutés point, Neptune à sa flâme renonce,
Sur l'Oracle qu'ici je vous ai rapporté,
J'ai voulu du Destin apprendre la réponse :
Par mes avis il l'avoit consulté.

JUPITER.

Quel Oracle cruel ! Que je suis agité !
J'ai puni mon Rival ; Thétis ambitieuse,
Auroit pu l'oublier après quelques soupirs,
Mais d'un fils trop puissant la naissance odieuse
Seroit l'effet de mes desirs.

Mon trouble eſt extrême ;
Vous m'entraînés tour à tour,
Trop charmant Amour,
Doux attraits du rang ſuprême.
Hélas ! faut-il que dans mon cœur,
Dans le cœur de Jupiter même,
L'Amour balance la grandeur ?

MERCURE.

Le cœur de Jupiter n'eſt fait que pour la gloire,
L'Amour n'y peut long-tems diſputer la victoire.

JUPITER.

Non, il ne la diſpute plus,
C'en eſt fait, ſes nœuds ſont rompus.
Pour monter ſur le Trône où le Ciel me révère
J'en fis tomber mon père :
Un fils ambitieux le vengeroit ſur moi.
Je connois les deſirs qu'un ſi beau rang inſpire,
Mon propre exemple doit ſuffire
Pour me remplir d'effroi.

Mais

Mais quel ſouvenir me retrace
Des charmes trop doux & trop chers?
Ma grandeur diſparoît, tout ſon éclat s'efface,
Faudra-t-il ſuccomber & rentrer dans mes fers?

SCENE SECONDE.

THÉTIS, JUPITER, MERCURE.

THÉTIS.

Du Souverain des Dieux, j'implore la clémence,
Rendés-vous aux tourmens affreux
Dont j'éprouve la violence :
J'accepte pour ſupplice une éternelle abſence,
N'eſt-il pas aſſés rigoureux?
Épargnés ſeulement les jours d'un malheureux :
En vain votre rigueur l'accable ;
Pour jamais j'ai reçu ſa foi,
Vous me le rendés plus aimable
Par tout ce qu'il ſouffre pour moi.

Du Souverain, &c.

THÉTIS & MERCURE.

Que votre haine cesse,
Laissés-vous émouvoir;
La gloire vous en presse,
L'Amour même, l'Amour vous en fait un devoir.

JUPITER.

Vents, partés, & que la Déesse
Revoye en ce moment l'objet de sa tendresse.

THÉTIS.

Ah! quel généreux retour!
Quel bonheur pour mon amour!

SCENE TROISIEME.

JUPITER, THÉTIS, PÉLÉE, MERCURE.

THÉTIS.

PÉLÉE, à mes soupirs Jupiter a fait grace:
De son plus fier courroux sa bonté prend la place.

PÉLÉE.

Maître de l'Univers, quels autels! quel encens!

Acquitteront jamais nos cœurs recon-
noiſſans !

JUPITER.

Votre amour eſt content, un doux ſuccès
le flatte ;
Mais je veux que ma gloire en ce beau jour
éclate,
Je veux que votre hymen ſe célèbre à mes
yeux ;
Je veux que ce lieu s'embelliſſe,
Et qu'une fête y réuniſſe
Les Dieux les plus puiſſans de la Terre &
des Cieux.

(*Le Théâtre change & repréſente l'appareil du feſtin des Nôces de* THÉTIS *&* PÉLÉE ; *les Dieux Céleſtes ſont placés de tous côtés ſur des nuages, & les Dieux Terreſtres ſont en bas.*)

SCENE QUATRIEME *& derniere.*

JUPITER, THÉTIS, PÉLÉE, MERCURE, DIEUX DU CIEL, DIEUX TERRESTRES, HÉBÉ.

JUPITER.

ÉCOUTÉS-MOI, troupe immortelle ;
Quand l'Amour à Thétis me fit rendre des
soins,

Une flâme si belle

Eut tous les Mortels pour témoins;

Mais j'ai sacrifié mon amour à ma gloire;

Je cède à mon Rival ce que j'aime le mieux,

Je veux avoir tous les Dieux

Pour témoins de ma victoire.

DERNIERE FESTE.

(*Les Dieux du Ciel & ceux de la Terre viennent rendre Hommage à Jupiter, & célébrer les Nôces de* THÉTIS *&* PÉLÉE.)

(*On danse.*)

HÉBÉ, *alternativement avec le* CHŒUR.

HÉBÉ.

Que tous les Dieux unis célèbrent cette fête;

Que les Ris & les Jeux,

De ces époux heureux

Couronnent la tête;

Amour lance sur eux

Une flâme éternelle,

Apprens hymen à devenir fidelle;

Toi, Vénus, embellis d'un regard amoureux,

Les jours que l'hymen leur apprête.

Que tous les Dieux unis celèbrent cette fête! &c. (*On danse.*)

FIN.

Un Ballet général termine le Spectacle.

www.ingramcontent.com/pod-product-compliance
Lightning Source LLC
LaVergne TN
LVHW050543100826
845148LV00002B/656

9782012181823